ENTRENAMIENTO EN FUNCIONES EJECUTIVAS

Fichas para trabajar Funciones Ejecutivas

Persistencia Dirigida a la Meta

Cuaderno 4

Introducción

Bienvenidos al mundo de las funciones ejecutivas. A continuación os presentamos un entrenamiento en las funciones ejecutivas útiles para nuestra vida diaria. Es un método muy fácil. Hemos creado distintos ejercicios para trabajar cada una de las funciones ejecutivas por separado. Y las hemos dividido en distintos cuadernos, que puedes trabajar. Cada cuaderno contiene varios ejercicios, dependiendo de la función escogida. Y cada ejercicio puede contener varias fichas. Hay ejercicios que se deben trabajar durante varios días (por ejemplo: durante una semana, 7 días) y otras que se deben realizar sólo para un día. Cada día debes realizar la ficha que te toca. Los ejercicios y sus fichas tienen un orden, por lo que es mejor que lo sigas. Cada ejercicio lo especifica y lo explica. Los ejercicios están numerados de la siguiente manera: Ejercicio A; Ejercicio B; Ejercicio C... Y cada ficha con un número: Ficha 1; Ficha 2;...; Ficha 29... Habrá tantas fichas como días tienes que trabajar. No empieces la siguiente ficha sin antes terminar la ficha anterior. Para conseguir buenos resultados, el trabajo debe ser diario. Y recuerda, la constancia y la perseverancia van a ser tus mejores aliados.

Introduction

Welcome to the world of Executive Functions. On the following pages we introduce you to an intensive training of the executive functions that are indispensable to our daily life. The idea is very easy. We have created different worksheets for every executive function. And we have divided them on different exercises books. Every exercise book has a different number of worksheets, depending on the task. There are tasks that demand you more than one day to achieve them, and others only one day. Everything is specified on the indications. The idea is to work everyday, one exercise per day. It's very important to follow the order of the worksheets. So every exercise book will take you among one month (or maybe a bit more) to complete it. To achieve results you must work daily. And remember, Practise makes you better.

¿Qué son las Funciones Ejecutivas?

Las **funciones ejecutivas** son procesos cognitivos de alto nivel que nos permiten asociar ideas, movimientos y acciones simples para llevar a cabo tareas más complejas (Shallice, 1988). Aunque no existe una definición única, se usa generalmente para describir una gran variedad de habilidades y **procesos cognitivos** que nos capacitan para tener un comportamiento flexible y dirigido a metas (Castellanos y cols., 2006). Por ejemplo, algo tan cotidiano como llegar puntual a clase o al trabajo, o simplemente ir al cine o quedar con nuestros amigos, implica un uso adecuado de nuestras funciones ejecutivas. Si éstas fallan, nuestra conducta no será eficaz y por lo tanto, nuestros planes y metas no se cumplirán como esperábamos.

Las **funciones ejecutivas** son fundamentales en nuestra vida cotidiana. Además las funciones ejecutivas se pueden entrenar. Por eso, durante el siguiente **entrenamiento** vamos a proponerte una serie de ejercicios que te harán mejorar en tu día a día.

¿Para qué sirve el entrenamiento en funciones ejecutivas?

El **objetivo** de los ejercicios para trabajar las funciones ejecutivas que te proponemos es el siguiente:

* Entrenar una serie de habilidades cognitivas por separado: memoria de trabajo, inhibición de respuesta, planificación, organización (de la tarea y de los materiales), priorización, iniciación de tarea, persistencia dirigida a la meta, consecución de objetivos,, autoregulación, manejo del tiempo, flexibilidad, metacognición, etc.

* Entrenarlas utilizando una serie de ejercicios diseñados para poner en marcha las habilidades y procesos implicados en las funciones ejecutivas.

Con un buen entrenamiento de tus funciones ejecutivas, conseguirás:

* Aumentar tu capacidad para hacer planes y llevarlos a cabo de forma organizada.
* Concentrarte mejor a la hora de leer o hacer los deberes porque serás capaz de orientar con más eficacia la atención hacia la tarea que te has propuesto hacer.
* Notar que los estímulos del entorno te distraen menos que antes del entrenamiento.
* Ver que tu mente es más flexible y ágil a la hora de buscar estrategias para conseguir tus objetivos.
* Etc.

Gracias a la **neuroplasticidad** de tu cerebro, estos estímulos exteriores en forma de ejercicios modularán los procesos subyacentes a las funciones ejecutivas. La ciencia ha mostrado que la experiencia y el aprendizaje modifican y facilitan la aparición de nuevas **conexiones neuronales** (lo que se denomina sinapsis) en nuestro cerebro (Weiller y Rijntjes, 1999), mejorando así nuestro desempeño cotidiano.

En definitiva, este entrenamiento te puede ayudar a ser más eficiente y efectivo en aquello que te propongas. Y además de ser más rápido y eficaz en aquellas tareas que te aburren, te dejará más tiempo libre para la diversión y el ocio. Anticipar las consecuencias de tus actos puede ayudarte a **evitar problemas** y a **conseguir tus metas**.

¿A quién va dirigido?

Se estima que casi el 50% de la población presenta algún tipo de deficiencia en sus funciones ejecutivas (Castellanos y cols., 2006). Por lo tanto, este entrenamiento va dirigido a toda persona que quiera mejorar el rendimiento de sus **funciones ejecutivas** y la eficacia en sus **tareas cotidianas**, sean del tipo que sean.

En especial va dirigido a todos aquellos niños, adolescentes y adultos que hayan sido diagnosticados de **TDAH, Dislexia** o cualquier otro **trastorno del aprendizaje** o del desarrollo, así como a personas que estén en la etapa del **envejecimiento** y quieran mejorar sus funciones ejecutivas.

¿Cuáles son las Funciones Ejecutivas que vamos a trabajar?

Iniciación de tarea

Es la habilidad de comenzar una tarea en el momento adecuado. Por ejemplo: si quieres hacer la compra en el supermercado, necesitas llegar antes de que cierre. Pero si inicias la tarea a las 11 de la noche, es demasiado tarde para conseguir tu objetivo.

Inhibición de respuesta

Es la habilidad de pensar, antes de actuar. A veces, actuamos de forma automática, y entonces ya no hay marcha atrás. Entrenar la inhibición de respuesta te sirve para resistir la tentación de decir o hacer algo de lo que después puedes arrepentirte. Por ejemplo: en un momento dado puedes estar muy enfadado con un amigo y hacerle un comentario desagradable, debido a ello puedes perder a este amigo; en cambio, con una mayor capacidad de inhibición de respuesta, podrías evitar ese problema.

Planificación

Es la habilidad de identificar y organizar los pasos necesarios que te llevarán a lograr una meta concreta. Te permite crear una hoja de ruta para alcanzar un objetivo, completar una tarea o satisfacer tus deseos. También implica la toma de decisiones, distinguir lo prioritario de aquello que no lo es.

Organización

Capacidad de poner los medios adecuados y coordinar a las personas y las tareas necesarias para lograr tus objetivos. Por ejemplo: si quieres organizar una fiesta no basta con llamar a tus amigos, sino que además necesitas decidir el lugar donde reunirlos, el día y la hora, elaborar un presupuesto para la tarta y las bebidas que vas a comprar, etc.

Manejo del tiempo

Capacidad de estimar cuánto tiempo tienes para realizar una tarea. Implica la capacidad de asignar, deliberada y conscientemente, la distribución del tiempo disponible para una tarea concreta. Por ejemplo: cuando en un examen te estancas en la primera pregunta y consumes el 60% del tiempo, pero aun te quedan 5 preguntas más, no tienes un buen manejo del tiempo.

Memoria de trabajo

Capacidad de mantener la información en la mente, de forma transitoria, durante la realización de tareas complejas, como resolver un problema de matemáticas, realizar un informe o la lista de la compra. Es una función ejecutiva muy importante ya que está implicada en todas las tareas mentales que llevas a cabo. Te ayuda a seleccionar, mantener y manipular la información que necesitas para el logro de la tarea, también a razonar correctamente, a calcular y a tomar decisiones.

Metacognición

Capacidad de observar y pensar cómo funcionan tus propias habilidades cognitivas. Además te permite analizar el modo en que piensas para resolver los retos de tu vida cotidiana. Esto implica el auto-monitoreo y la auto-evaluación de tus competencias. Por ejemplo: la comprensión lectora. Leemos y comprobamos que hemos entendido lo que estamos leyendo. Los niños con una baja comprensión lectora suelen tener una baja capacidad para monitorizar su comprensión lectora (Oakhill, Hartt, & Samols, 2005).

Auto-regulación

Habilidad de gestionar las emociones, los estados de ánimo, la motivación... con el fin de lograr los objetivos, completar las tareas, mantener el control y dirigir el comportamiento hacia la meta que te has propuesto.

Flexibilidad cognitiva

Habilidad de cambiar planes para adaptarte a los cambios del entorno, sin salir perjudicado. Al encontrar un obstáculo, tu meta no tiene porqué desaparecer, sino que es más productivo encontrar una manera de superar ese obstáculo inesperado. La flexibilidad cognitiva te ayuda a encontrar alternativas adecuadas.

Persistencia dirigida a la meta

Nos permite tener la capacidad de mantenerte firme en la consecución de una meta. Esto implica perseverar a pesar de las dificultades, y que no te desanimes si aparece algún contratiempo o la tarea te parece demasiado ardua, aburrida o complicada.

Cuestionario que deben contestar los PADRES

Conteste a las preguntas siguientes (V = Verdadero; F = Falso) en relación a las dificultades que su hijo pueda tener en la actualidad (**8 últimas semanas**).

1-	Se olvida del material de estudio en el colegio y no lo trae a casa	V F
2-	Deja las cosas esparcidas por casa o hace pilas de cosas	V F
3-	No suele terminar los deberes	V F
4-	Tiene problemas para terminar los deberes de las asignaturas que no le gustan	V F
5-	Le cuesta mantener los hábitos de casa	V F
6-	Le cuesta ponerse a hacer los deberes	V F
7-	A veces pierde cosas	V F
8-	No se organiza o no tiene un horario definido	V F
9-	No tiene un lugar para estudiar, estudia en cualquier lugar (sofá, cama…)	V F
10-	Suele pensar en otras cosas mientras hace los deberes	V F
11-	Normalmente no divide las tareas en partes más pequeñas	V F
12-	No sigue las instrucciones para montar juegos	V F
13-	No parece ser consciente del tiempo que le lleva cada cosa	V F
14-	Suele seguir siempre las instrucciones que le dan	V F
15-	No revisa ni los deberes, ni los exámenes	V F
16-	Siempre necesita más tiempo para acabar los ejercicios o los exámenes	V F

17-	unca deja las cosas en su sitio	V	F
18-	: olvida de apuntar los deberes en la agenda	V	F
19-	iene buenos apuntes	V	F
20-	o le gusta memorizar las lecciones	V	F
21-	Se distrae en clase	V	F
22-	Tiene su habitación ordenada	V	F
23-	Tiene estrategias de estudio para cada asignatura	V	F
24-	Deja las tareas de casa a medias	V	F
25-	Le gusta tener una agenda para organizarse	V	F
26-	Tiene sus cosas ordenadas	V	F
27-	Está enganchado al teléfono móvil, tabletas, ordenador, etc. para hablar	V	F
28-	Se va a dormir muy tarde	V	F
29-	Apila sus ropa de cualquier manera	V	F
30-	Siempre está preguntando dónde ha dejado sus cosas	V	F
31-	Cuando hace los deberes siempre empieza por los más fáciles	V	F
32-	Mira demasiado la tele o juega demasiado al ordenador	V	F
33-	Tener la mochila organizada	V	F
34-	Se olvida el material del colegio en casa y no lo trae a clase	V	F
35-	Suele dejar los deberes para último momento	V	F
36-	Se hace buenos resúmenes	V	F

Cuestionario que deben contestar los HIJOS

Conteste a las preguntas siguientes (V = Verdadero; F = Falso) en relación a tus dificultades en la actualidad (**dos últimas semanas**).

1-	Me olvido del material de estudio en el colegio y no lo traigo a casa	V	F
2-	Dejo las cosas esparcidas por casa o hago pilas de cosas	V	F
3-	No suelo terminar los deberes	V	F
4-	Tengo problemas para terminar los deberes de las asignaturas que no me gustan	V	F
5-	Me cuesta mantener los hábitos de casa	V	F
6-	Me cuesta ponerme a hacer los deberes	V	F
7-	A veces pierdo cosas	V	F
8-	No me organizo o no tengo un horario definido	V	F
9-	No tengo un lugar para estudiar, estudio en cualquier lugar (sofá, cama...)	V	F
10-	Suelo pensar en otras cosas mientras hago los deberes	V	F
11-	Normalmente no divido las tareas en partes más pequeñas	V	F
12-	No sigo las instrucciones para montar juegos	V	F
13-	No soy consciente del tiempo que me lleva cada cosa	V	F
14-	Suelo seguir siempre las instrucciones que me dan	V	F
15-	No reviso ni los deberes, ni los exámenes	V	F
16-	Siempre necesito más tiempo para acabar los	V	F

	ejercicios o los exámenes		
17-	Nunca dejo las cosas en su sitio	V	F
18-	Me olvido de apuntar los deberes en la agenda	V	F
19-	Tengo buenos apuntes	V	F
20-	No me gusta memorizar las lecciones	V	F
21-	Me distraigo en clase	V	F
22-	Tengo mi habitación ordenada	V	F
23-	Tengo estrategias de estudio para cada asignatura	V	F
24-	Dejo las tareas de casa a medias	V	F
25-	Me gusta tener una agenda para organizarse	V	F
26-	Tengo mis cosas ordenadas	V	F
27-	Estoy enganchado al teléfono móvil, tabletas, ordenador, etc. para hablar	V	F
28-	Me voy a dormir muy tarde	V	F
29-	Apilo mi ropa de cualquier manera	V	F
30-	Siempre estoy preguntando dónde he dejado mis cosas	V	F
31-	Cuando hago los deberes siempre empiezo por los más fáciles	V	F
32-	Miro demasiado la tele o juego demasiado al ordenador	V	F
33-	Tengo la mochila organizada	V	F
34-	Se me olvida el material del colegio en casa y no lo traigo a clase	V	F
35-	Suelo dejar los deberes para último momento	V	F
36-	Hago buenos resúmenes	V	F

PERSISTENCIA DIRIGIDA A LA META

Cuaderno 4

La **función ejecutiva** que vamos a trabajar en el CUADERNO 4 va a ser la **PERSISTENCIA DIRIGIDA A LA META**. Se trata de la capacidad de mantenerse firme hacia la consecución de un objetivo, de una meta. Es decir, que no nos desanimemos si aparece algún contratiempo o si se trata de una tarea demasiado difícil.

Un ejemplo de una situación cuotidiana: Imagina que quieres comprar una casa a las afueras de la ciudad. El problema es que con tu sueldo actual no es posible. La solución para conseguir tu objetivo requiere paciencia y persistencia. Es decir, es muy importante persistir en los esfuerzos que vas a tener que hacer para conseguir esa casita en las afueras. Seguramente tendrás que obtener ingresos de otras fuentes aumentando tus horas de trabajo o incluso pluriempleándote. Perder los fines de semana durante un tiempo, sacrificar tus horas libres, ahorrar, no salir a cenar al restaurante, desperdiciando tus caprichos etc…Todos estos sacrificios puede ser que acaben con tus ganas de tener una casa a las afueras, eso querrá decir que no has sido lo suficientemente persistente, dicho de otro modo, si normalmente abandonas todos tus planes de futuro tienes una persistencia baja. O por otro lado, podría ser un capricho puntual y que realmente no fuera una meta muy querida.

Objetivo del Entrenamiento en Persistencia Dirigida a la Meta

El **entrenamiento en persistencia dirigida a la meta** te planteará una serie de ejercicios diseñados para reforzar tu capacidad de "**persistir en tu camino hacia la consecución de tus objetivos**" de tal manera que tendrás la capacidad de mantener tus esfuerzo y superar dificultades hasta conseguir tus metas.

Realiza una ficha diaria. Las fichas siguen un orden, por lo que debes seguir ese orden. Cada ficha te indica el número de días que debes invertir en ellas. No prosigas a la siguiente ficha sin antes terminar la ficha que estás realizando.

Si tienes cualquier duda puedes consultar nuestra web:

blog.mentelex.com
www.mentelex.com

O ponerte en contacto con eva@mentelex.com para más información.

Recuerda: trabaja diariamente cada **función ejecutiva**. Una vez terminada la función: **Persistencia Dirigida a la Meta** (CUADERNO 4), prosigue con el CUADERNO 5: **Metacognición**. Cuando lo termines, sigue con los siguientes CUADERNOS. La constancia y la perseverancia son los mejores aliados de un buen aprendizaje.

EJERCICIO A – <u>X</u>

Para la siguiente actividad sigue las siguientes instrucciones:

1- A continuación encontrarás una cuadricula. Debes rellenar todos los cuadritos con una "X".

2- Aunque son bastantes cuadraditos, no pares hasta llegar al final. Consigue marcarlos todos.

3- Observa el primer cuadradito de ejemplo.

4- Debajo de la cuadrícula, escribe todo aquello que se te haya ocurrido mientras hacías el ejercicio. Pensamientos, sensaciones, conductas, comportamientos…

5- Realiza este ejercicio durante <u>**5 días**</u>.

6- Cuando hayas terminado, valora tu trabajo con una puntuación numérica. Del 1 al 10, donde 1 es muy mal y 10 muy bien. Redondea tu puntuación.

- FICHA 1 -

FECHA: ___ / ___ / _____

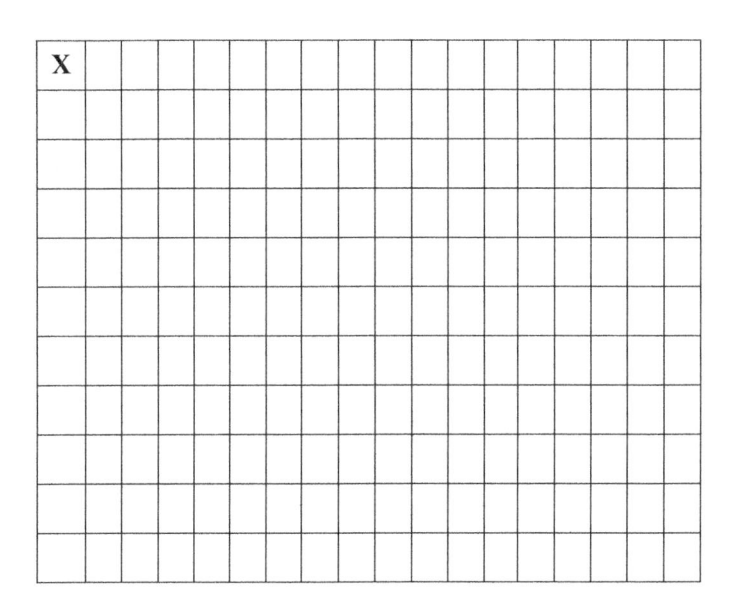

X														

Escribe todo aquello que se te haya ocurrido mientras hacías el ejercicio:

- FICHA 2 -

FECHA: ___ / ___ / _____

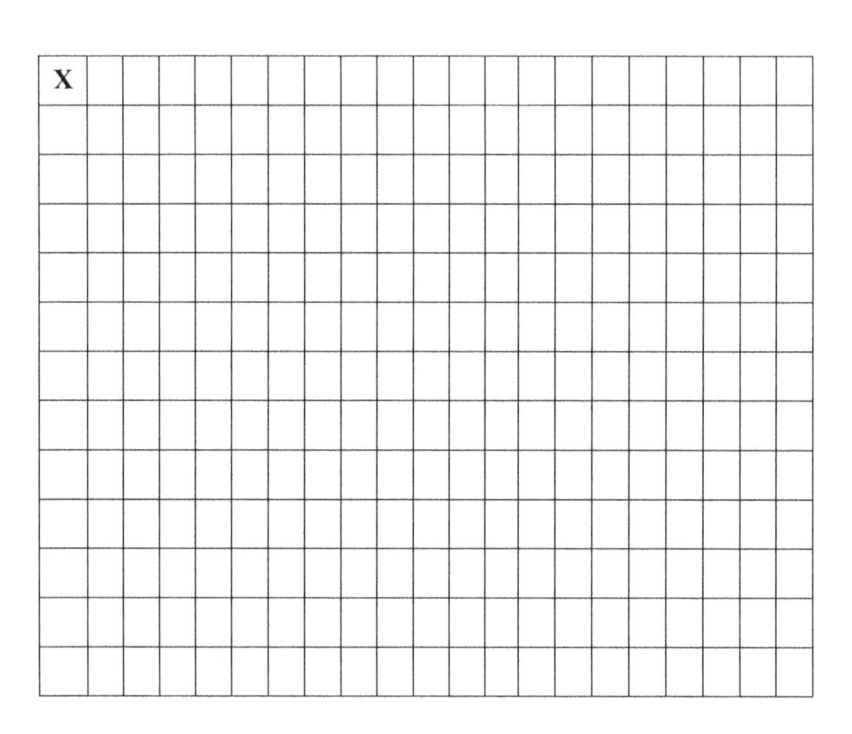

X													

Escribe todo aquello que se te haya ocurrido mientras hacías el ejercicio:

- FICHA 3 -

FECHA: ___ / ___ / _____

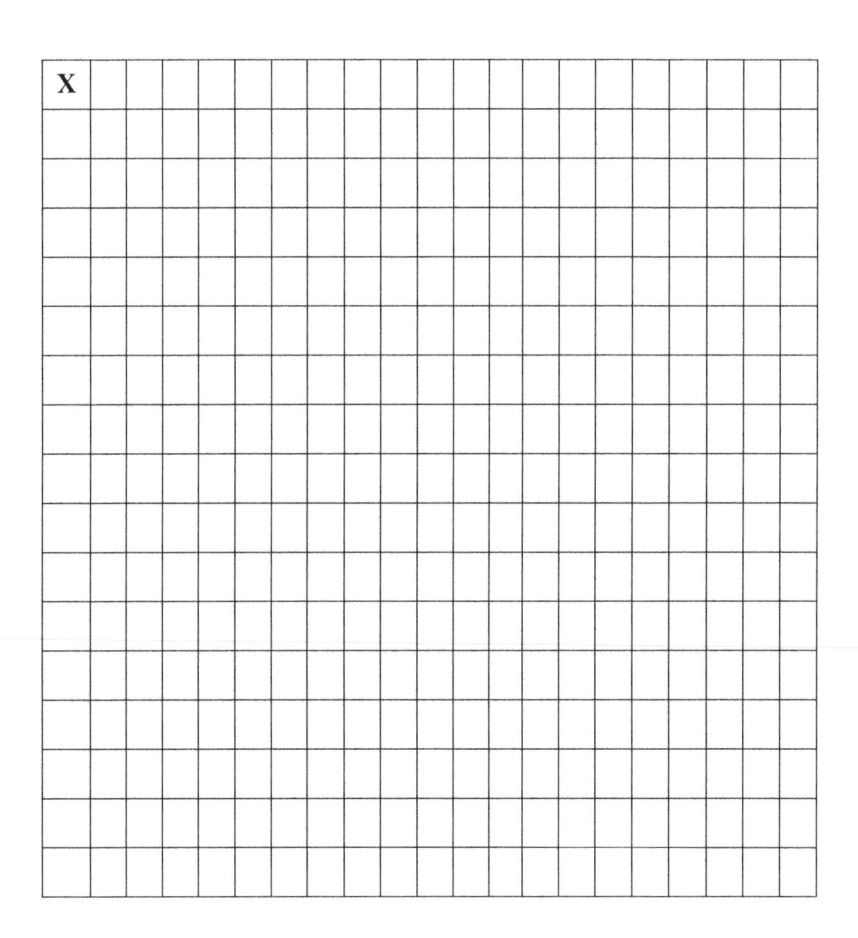

X																

Escribe todo aquello que se te haya ocurrido mientras hacías el ejercicio:

- FICHA 4 -

FECHA: ___ / ___ / _____

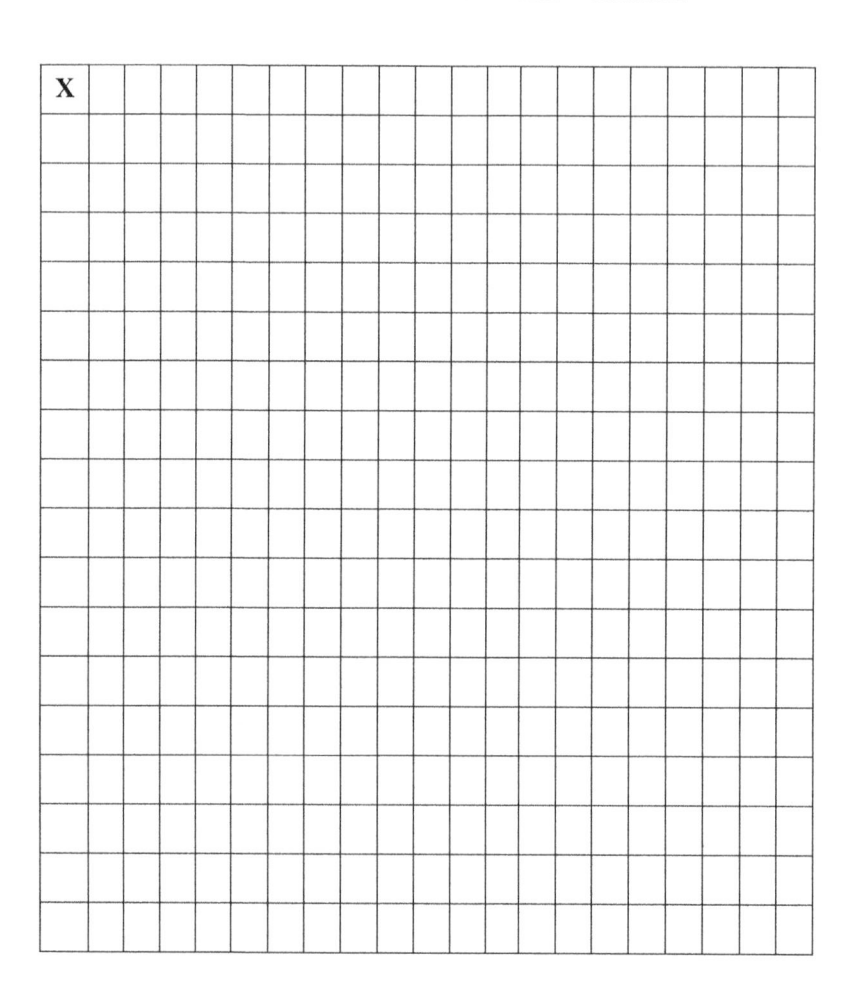

X													

Escribe todo aquello que se te haya ocurrido mientras hacías el ejercicio:

- FICHA 5 -

FECHA: ___ / ___ / _____

Escribe todo aquello que se te haya ocurrido mientras hacías el ejercicio:

Valoración general del ejercicio y de tu autodisciplina

1 2 3 4 5 6 7 8 9 10

Observaciones

EJERCICIO B – <u>Laberinto</u> (1)

Para la siguiente actividad sigue las siguientes instrucciones:

1- A continuación encontrarás una laberinto. Empieza por donde te indica la flecha exterior
(→) e intenta encontrar el interior del laberinto.

2- Hazlo con lápiz, pues si te equivocas puedes borrarlo y volver a empezar

3- No te preocupes si no lo logras a la primera. Los laberintos suelen ser difíciles, así que persiste hasta encontrar el camino sin desanimarte.

4- Para este primer laberinto, no vas a necesitar tiempo. Así que no te preocupes por el tiempo que tardes en resolverlo. Recuerda que lo importante es conseguir nuestro objetivo, cueste el tiempo que cueste.

5- Realiza este ejercicio solamente **<u>1 día</u>** .

6- Cuando hayas terminado, valora tu trabajo con una puntuación numérica. Del 1 al 10, donde 1 es muy mal y 10 muy bien. Redondea tu puntuación.

- FICHA 6 -

FECHA: ___ / ___ / _____

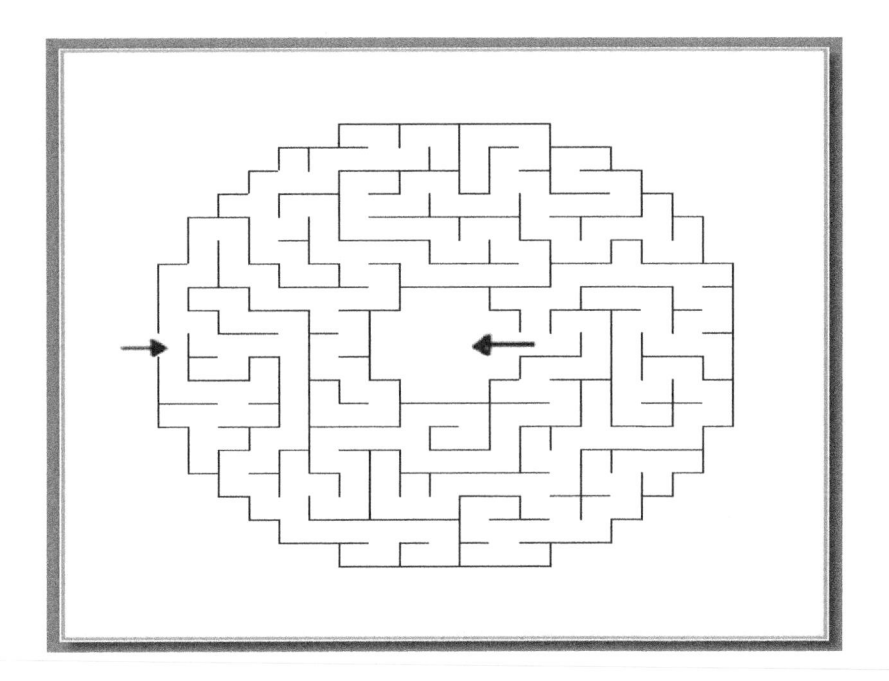

Tiempo: _____ **segundos.**

Escribe todo aquello que se te haya ocurrido mientras hacías el ejercicio:

Valoración general del ejercicio y de tu autodisciplina

1 2 3 4 5 6 7 8 9 10

Observaciones

EJERCICIO C – <u>Colorea</u> (1)

FECHA: ___ / ___ / _____

Para la siguiente actividad sigue las siguientes instrucciones:

1- A continuación encontrarás una cuadricula. Debes rellenar todos los cuadritos con **10** colores distintos. Los colores entre sí, no deben tocarse nunca (por ejemplo: no puede haber 2 azules uno al lado del otro, ni uno encima o debajo del otro).

2- Aunque son bastantes cuadraditos, no pares hasta llegar al final. Consigue marcarlos todos.

3- Debajo de la cuadrícula, escribe todo aquello que se te haya ocurrido mientras hacías el ejercicio. Pensamientos, sensaciones, conductas, comportamientos…

4- Realiza este ejercicio durante **3 días** .

5- Cuando hayas terminado, valora tu trabajo con una puntuación numérica. Del 1 al 10, donde 1 es muy mal y 10 muy bien. Redondea tu puntuación.

- FICHA 7 -

FECHA: ___ / ___ / _____

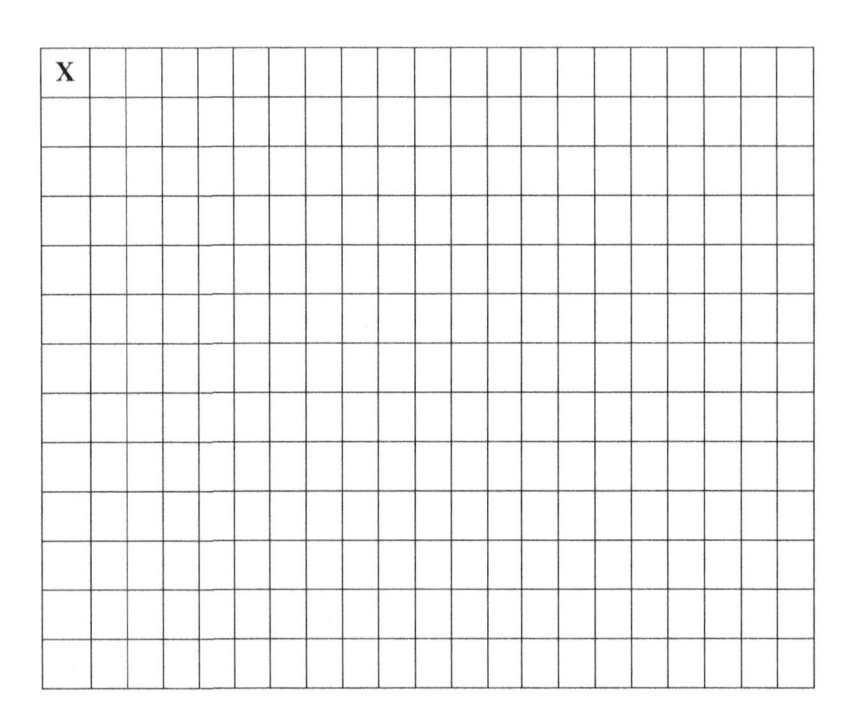

X														

Escribe todo aquello que se te haya ocurrido mientras hacías el ejercicio:

- FICHA 8 -

FECHA: ___ / ___ / _____

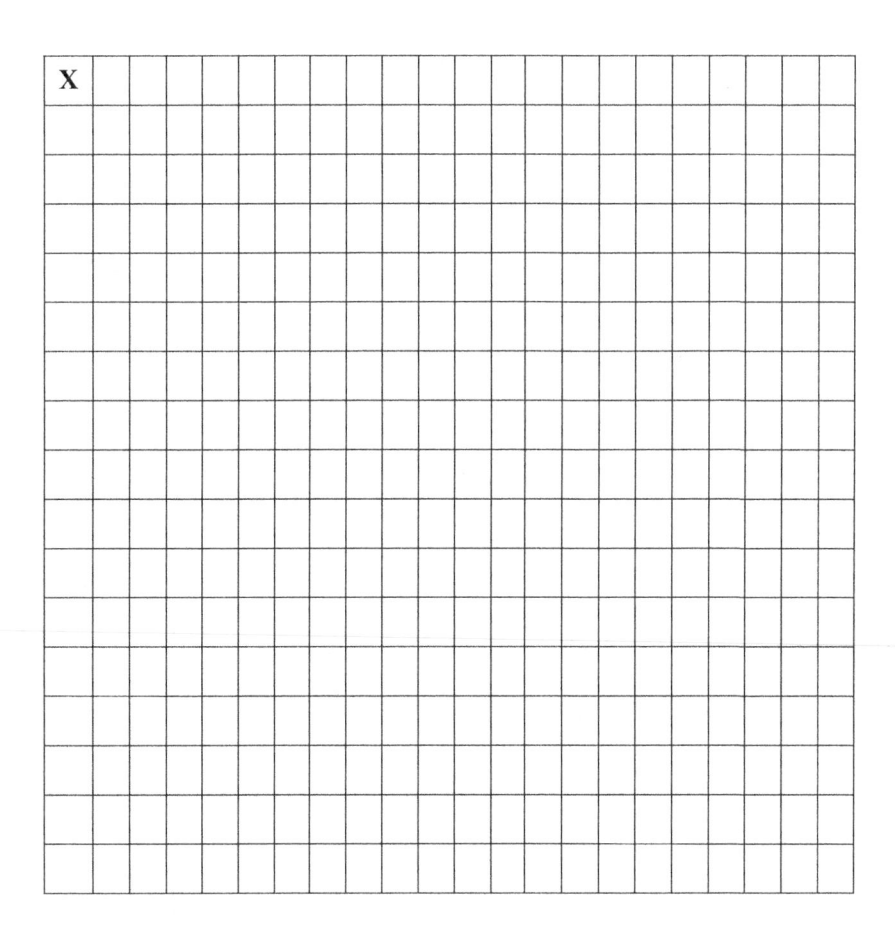

X																

Escribe todo aquello que se te haya ocurrido mientras hacías el ejercicio:

- FICHA 9 -

FECHA: ___ / ___ / _____

X														

Escribe todo aquello que se te haya ocurrido mientras hacías el ejercicio:

Valoración general del ejercicio y de tu autodisciplina

1 2 3 4 5 6 7 8 9 10

Observaciones

EJERCICIO D – <u>Laberinto</u> (2)

Para la siguiente actividad sigue las siguientes instrucciones:

2- A continuación encontrarás una laberinto. Empieza por donde te indica la flecha exterior
(→) e intenta encontrar el interior del laberinto.

2- Hazlo con lápiz, pues si te equivocas puedes borrarlo y volver a empezar

3- No te preocupes si no lo logras a la primera. Los laberintos suelen ser difíciles, así que persiste hasta encontrar el camino sin desanimarte.

4- Para este ejercicio necesitarás un cronómetro. Cuando cojas el lápiz y te coloques en el punto de salida, pon el tiempo en marcha. Cuando hayas encontrado el camino y hayas solucionado el laberinto, detén el reloj.

5- Realiza este ejercicio solamente **1 día** .

6- Cuando hayas terminado, valora tu trabajo con una puntuación numérica. Del 1 al 10, donde 1 es muy mal y 10 muy bien. Redondea tu puntuación.

- FICHA 10 -

FECHA: ___ / ___ / _____

Tiempo: _____ **segundos.**

Escribe todo aquello que se te haya ocurrido mientras hacías el ejercicio:

Valoración general del ejercicio y de tu autodisciplina

1 2 3 4 5 6 7 8 9 10

Observaciones

EJERCICIO E – <u>FORMAS</u> (1)

Para la siguiente actividad sigue las siguientes instrucciones:

1- A continuación encontrarás una cuadricula. Debes rellenar todos los cuadritos con las siguientes formas:

- X
- O
- =
- +
- %

Las formas entre sí no deben tocarse nunca, no se pueden encontrar (por ejemplo: no puede haber 2 cruces una al lado del otro, ni una encima o debajo de la otra).

2- Aunque son bastantes cuadraditos, no pares hasta llegar al final. Consigue marcarlos todos.

3- Debajo de la cuadrícula, escribe todo aquello que se te haya ocurrido mientras hacías el ejercicio. Pensamientos, sensaciones, conductas, comportamientos...

4- Realiza este ejercicio durante <u>**2 días**</u>.

5- Cuando hayas terminado, valora tu trabajo con una puntuación numérica. Del 1 al 10, donde 1 es muy mal y 10 muy bien. Redondea tu puntuación.

- FICHA 11 -

FECHA: ___ / ___ / _____

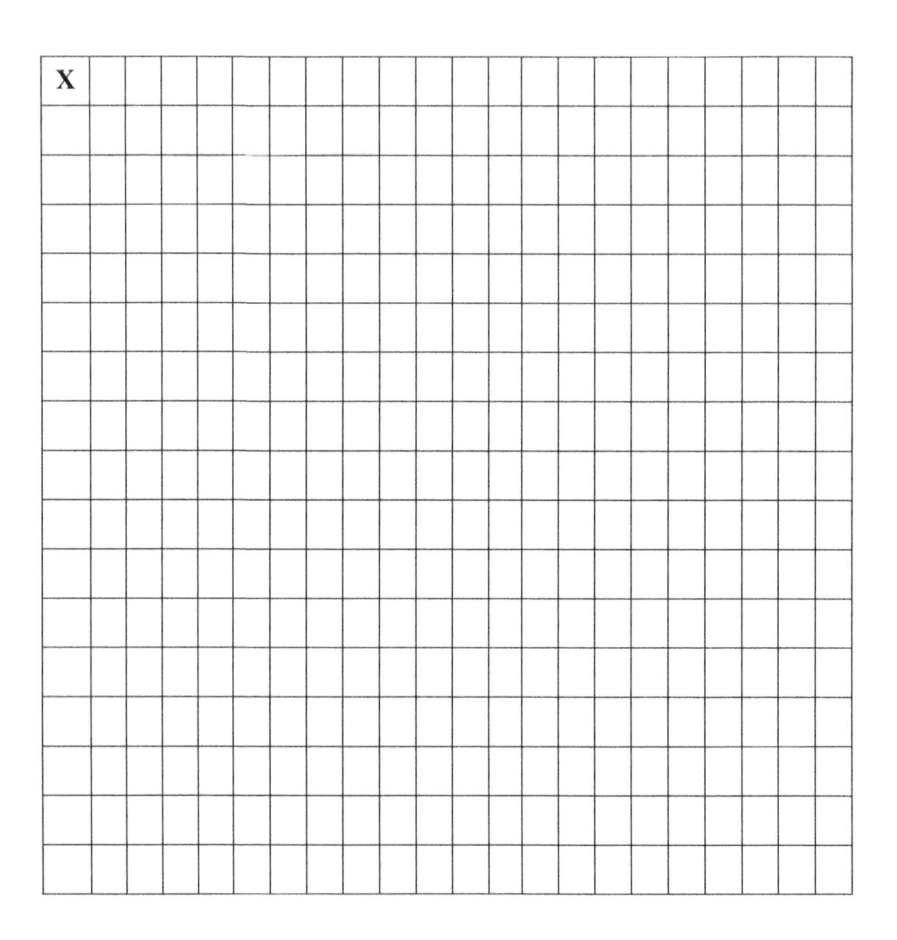

X																

Escribe todo aquello que se te haya ocurrido mientras hacías el ejercicio:

- FICHA 12 -

FECHA: ___ / ___ / _____

Escribe todo aquello que se te haya ocurrido mientras hacías el ejercicio:

Valoración general del ejercicio y de tu autodisciplina

1   2   3   4   5   6   7   8   9   10

Observaciones

EJERCICIO F – <u>Conteo</u> (1)

FECHA: ___ / ___ / _____

Para la siguiente actividad sigue las siguientes instrucciones:

1- A continuación encontrarás una cuadricula. En la cuadrícula encontrarás cuadraditos pintados de gris y otros de blanco. Debes contar cuantos cuadrados blancos hay. Apúntalo al final de la hoja.

2- No te preocupes si no lo logras a la primera. Vuelve a contar hasta que estés seguro.

3- Para este ejercicio no necesitarás un cronómetro. Por lo tanto, tienes todo el tiempo que quieras para contarlos.

4- Realiza este ejercicio durante **2 días** .

5- Cuando hayas terminado, valora tu trabajo con una puntuación numérica. Del 1 al 10, donde 1 es muy mal y 10 muy bien. Redondea tu puntuación.

- FICHA 13 -

FECHA: ___ / ___ / _____

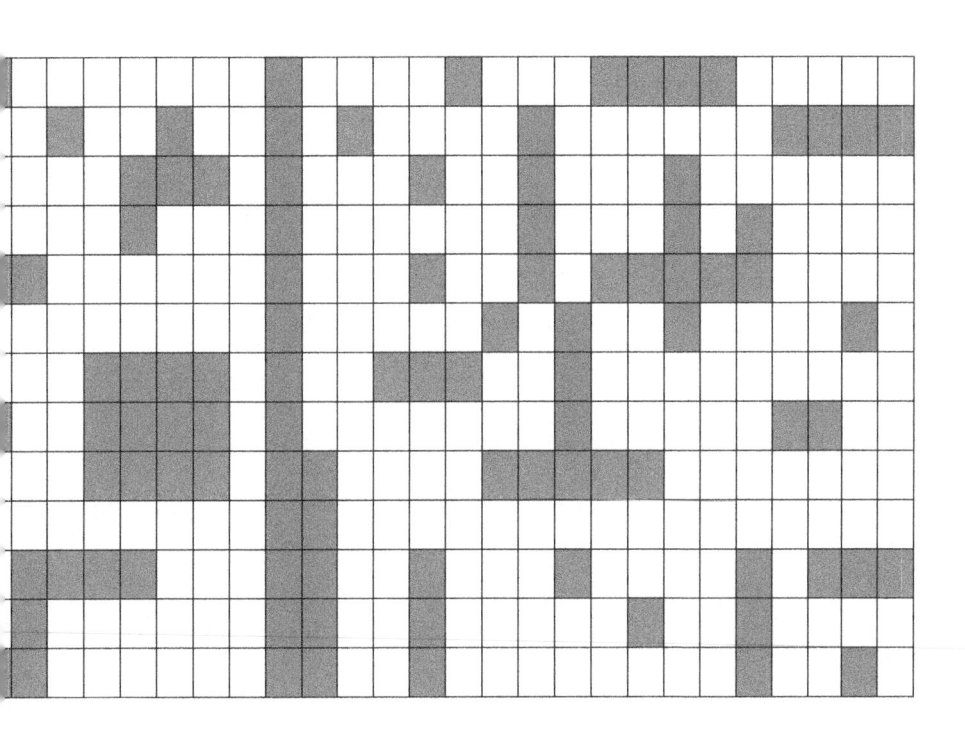

Nº de cuadrados grises: _____

- FICHA 14 -

FECHA: ___ / ___ / _____

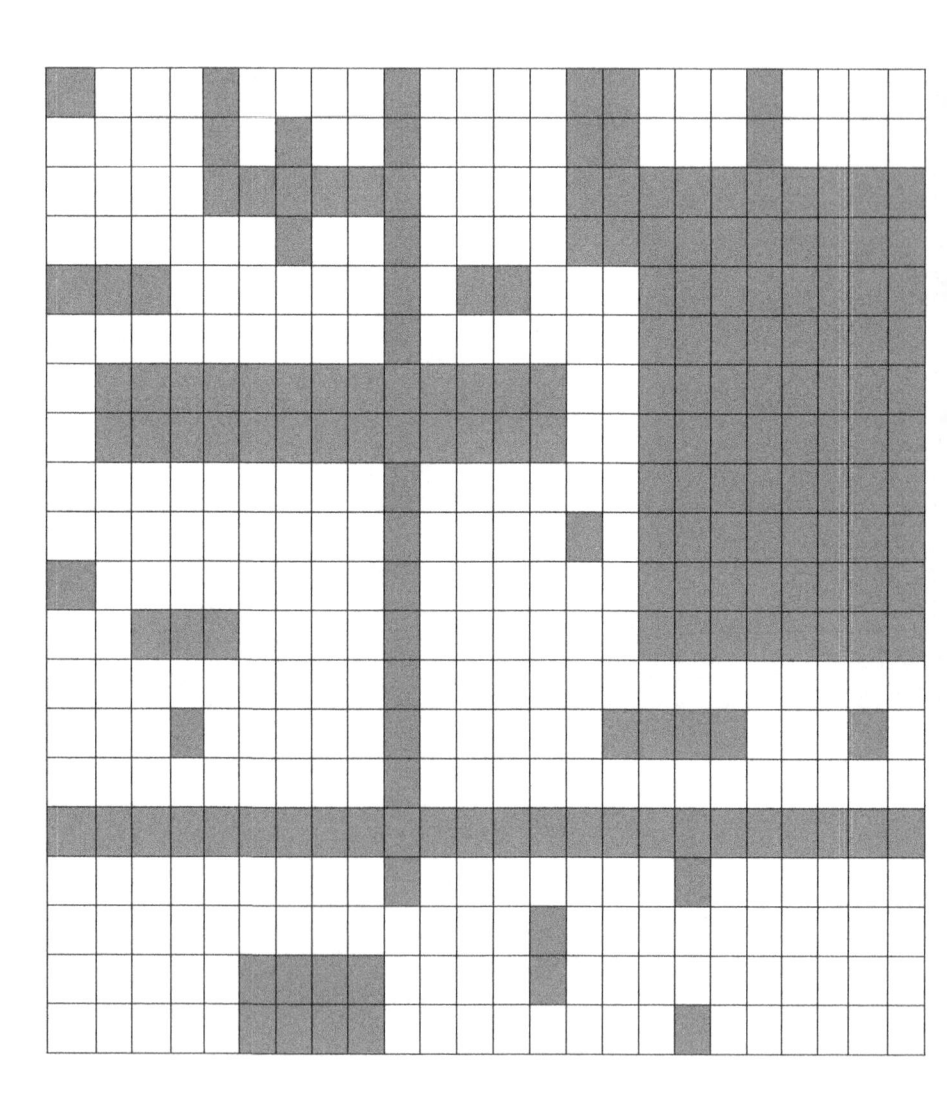

Nº de cuadrados grises: _____

Valoración general del ejercicio y de tu autodisciplina

1 2 3 4 5 6 7 8 9 10

Observaciones

EJERCICIO G – <u>Colorea</u> (2)

FECHA: ___ / ___ / _____

Para la siguiente actividad sigue las siguientes instrucciones:

1- A continuación encontrarás una cuadricula. Debes rellenar todos los cuadritos con **10** colores distintos. Los colores entre sí, no deben tocarse nunca (por ejemplo: no puede haber 2 azules uno al lado del otro, ni uno encima o debajo del otro).

2- Aunque son bastantes cuadraditos, no pares hasta llegar al final. Consigue marcarlos todos.

3- Debajo de la cuadrícula, escribe todo aquello que se te haya ocurrido mientras hacías el ejercicio. Pensamientos, sensaciones, conductas, comportamientos...

4- Realiza este ejercicio durante <u>**2 días**</u> .

5- Cuando hayas terminado, valora tu trabajo con una puntuación numérica. Del 1 al 10, donde 1 es muy mal y 10 muy bien. Redondea tu puntuación.

- FICHA 15 -

FECHA: ___ / ___ / _____

X														

Escribe todo aquello que se te haya ocurrido mientras hacías el ejercicio:

- FICHA 16 -

FECHA: ___ / ___ / _____

| X | | | | | | | | | | | | | | |

Escribe todo aquello que se te haya ocurrido mientras hacías el ejercicio:

Valoración general del ejercicio y de tu autodisciplina

1 2 3 4 5 6 7 8 9 10

Observaciones

EJERCICIO H – <u>Laberinto</u> (3)

Para la siguiente actividad sigue las siguientes instrucciones:

3- A continuación encontrarás una laberinto. Empieza por donde te indica la flecha exterior

(→) e intenta encontrar el interior del laberinto.

2- Hazlo con lápiz, pues si te equivocas puedes borrarlo y volver a empezar

3- No te preocupes si no lo logras a la primera. Los laberintos suelen ser difíciles, así que persiste hasta encontrar el camino sin desanimarte.

4- Para este ejercicio necesitarás un cronómetro. Cuando cojas el lápiz y te coloques en el punto de salida, pon el tiempo en marcha. Cuando hayas encontrado el camino y hayas solucionado el laberinto, detén el reloj.

5- Realiza este ejercicio solamente **<u>1 día</u>** .

6- Cuando hayas terminado, valora tu trabajo con una puntuación numérica. Del 1 al 10, donde 1 es muy mal y 10 muy bien. Redondea tu puntuación.

- FICHA 17 -

FECHA: ___ / ___ / _____

Tiempo: _____ segundos.

Escribe todo aquello que se te haya ocurrido mientras hacías el ejercicio:

Valoración general del ejercicio y de tu autodisciplina

1 2 3 4 5 6 7 8 9 10

Observaciones

EJERCICIO I – <u>Colorea</u> (3)

FECHA: ___ / ___ / _____

Para la siguiente actividad sigue las siguientes instrucciones:

1- A continuación encontrarás una cuadricula. Debes rellenar todos los cuadritos con **7** colores distintos. Los colores entre sí, no deben tocarse nunca (por ejemplo: no puede haber 2 azules uno al lado del otro, ni uno encima o debajo del otro).

2- Aunque son bastantes cuadraditos, no pares hasta llegar al final. Consigue marcarlos todos.

3- Debajo de la cuadrícula, escribe todo aquello que se te haya ocurrido mientras hacías el ejercicio. Pensamientos, sensaciones, conductas, comportamientos...

4- Realiza este ejercicio durante <u>**2 días**</u>.

5- Cuando hayas terminado, valora tu trabajo con una puntuación numérica. Del 1 al 10, donde 1 es muy mal y 10 muy bien. Redondea tu puntuación.

- FICHA 18 -

FECHA: ___ / ___ / _____

Escribe todo aquello que se te haya ocurrido mientras hacías el ejercicio:

- FICHA 19 -

FECHA: ___ / ___ / _____

Escribe todo aquello que se te haya ocurrido mientras hacías el ejercicio:

Valoración general del ejercicio y de tu autodisciplina

1 2 3 4 5 6 7 8 9 10

Observaciones

EJERCICIO J – <u>Conteo</u> (2)

FECHA: ___ / ___ / _____

Para la siguiente actividad sigue las siguientes instrucciones:

1- A continuación encontrarás una cuadricula. En la cuadrícula encontrarás cuadraditos pintados de gris y otros de blanco. Debes contar cuantos cuadrados blancos hay. Apúntalo al final de la hoja.

2- No te preocupes si no lo logras a la primera. Vuelve a contar hasta que estés seguro.

3- Para este ejercicio no necesitarás un cronómetro. Por lo tanto, tienes todo el tiempo que quieras para contarlos.

4- Realiza este ejercicio durante **2 días** .

5- Cuando hayas terminado, valora tu trabajo con una puntuación numérica. Del 1 al 10, donde 1 es muy mal y 10 muy bien. Redondea tu puntuación.

- FICHA 20 -

FECHA: ___ / ___ / _____

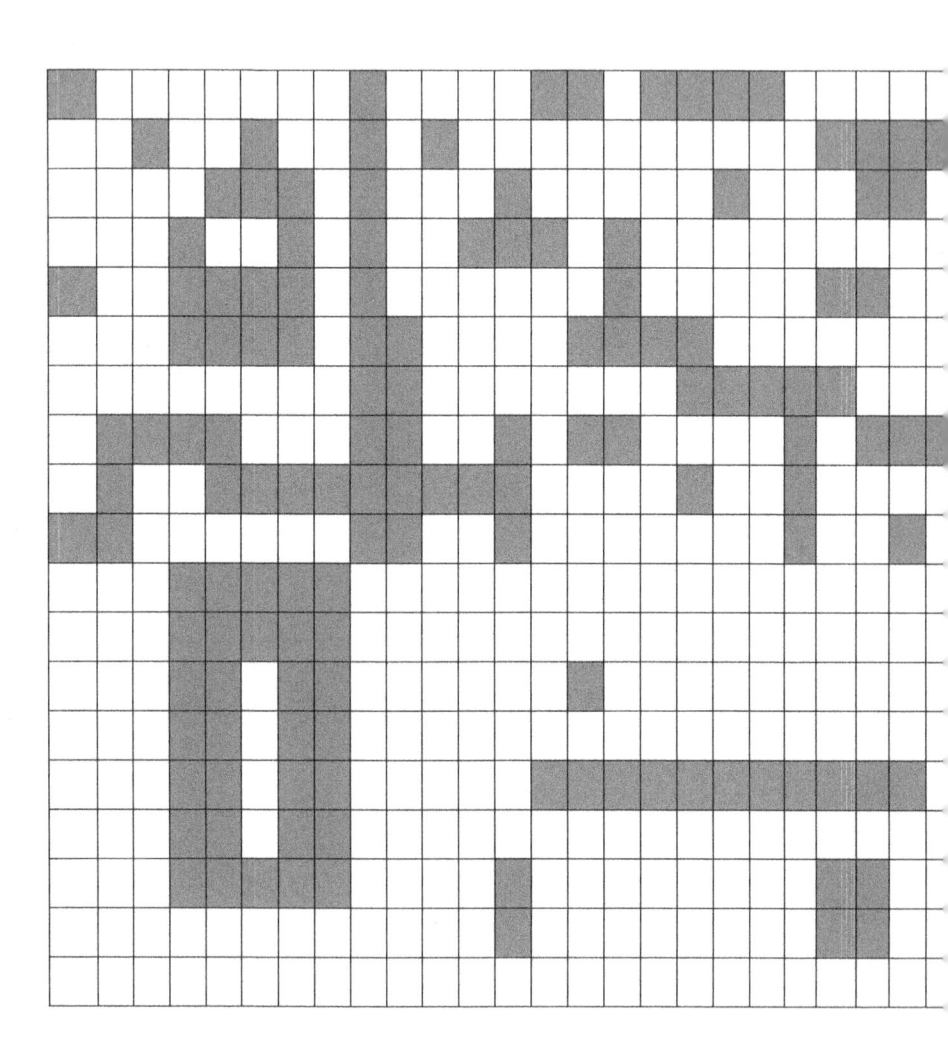

Nº de cuadrados blancos: _____

- FICHA 21 -

FECHA: ___ / ___ / _____

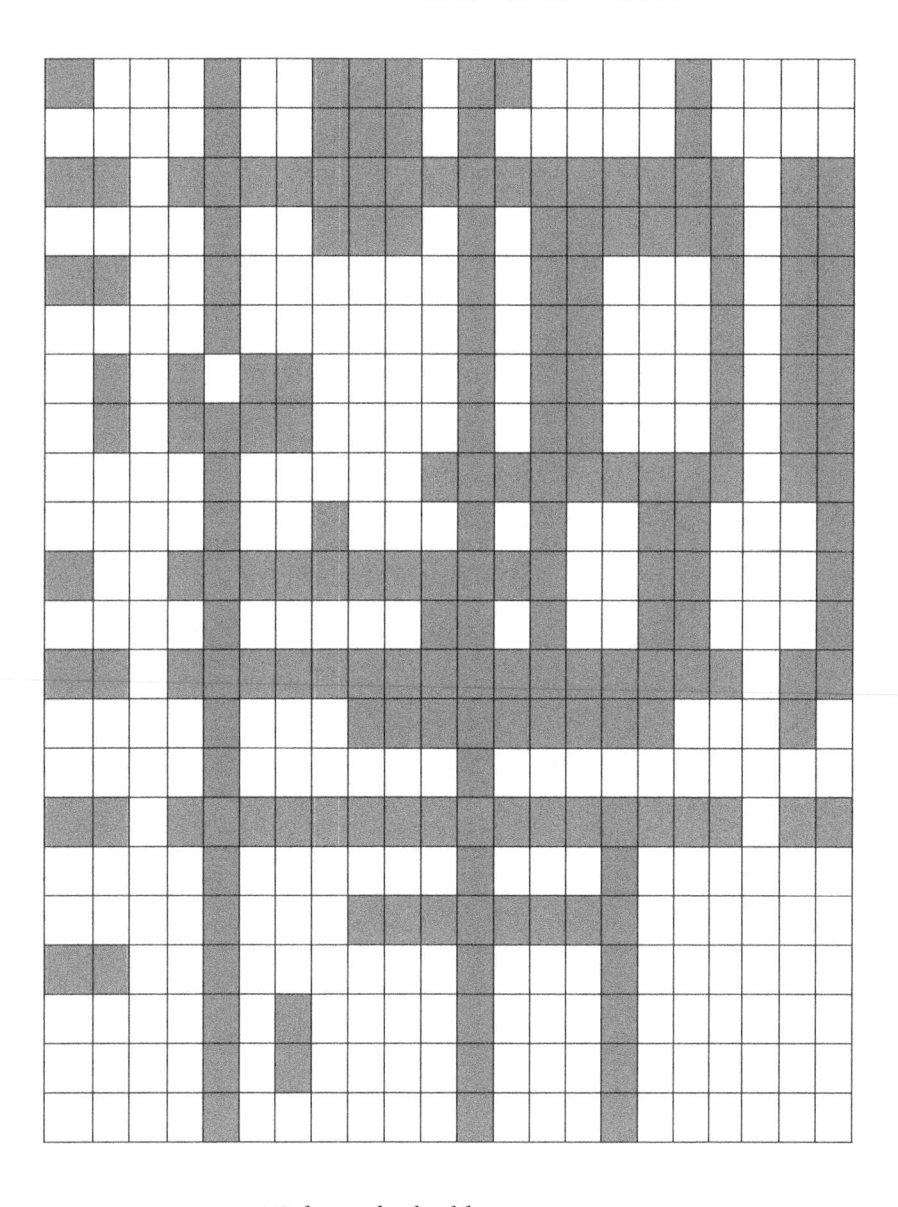

Nº de cuadrados blancos: _____

Valoración general del ejercicio y de tu autodisciplina

1 2 3 4 5 6 7 8 9 10

Observaciones

EJERCICIO K – <u>Laberinto</u> (4)

Para la siguiente actividad sigue las siguientes instrucciones:

4- A continuación encontrarás una laberinto. Empieza por donde te indica la flecha exterior
(→) e intenta encontrar el interior del laberinto.

2- Hazlo con lápiz, pues si te equivocas puedes borrarlo y volver a empezar

3- No te preocupes si no lo logras a la primera. Los laberintos suelen ser difíciles, así que persiste hasta encontrar el camino sin desanimarte.

4- Para este ejercicio necesitarás un cronómetro. Cuando cojas el lápiz y te coloques en el punto de salida, pon el tiempo en marcha. Cuando hayas encontrado el camino y hayas solucionado el laberinto, detén el reloj.

5- Realiza este ejercicio solamente **<u>1 día</u>** .

6- Cuando hayas terminado, valora tu trabajo con una puntuación numérica. Del 1 al 10, donde 1 es muy mal y 10 muy bien. Redondea tu puntuación.

- FICHA 22 -

FECHA: ___ / ___ / _____

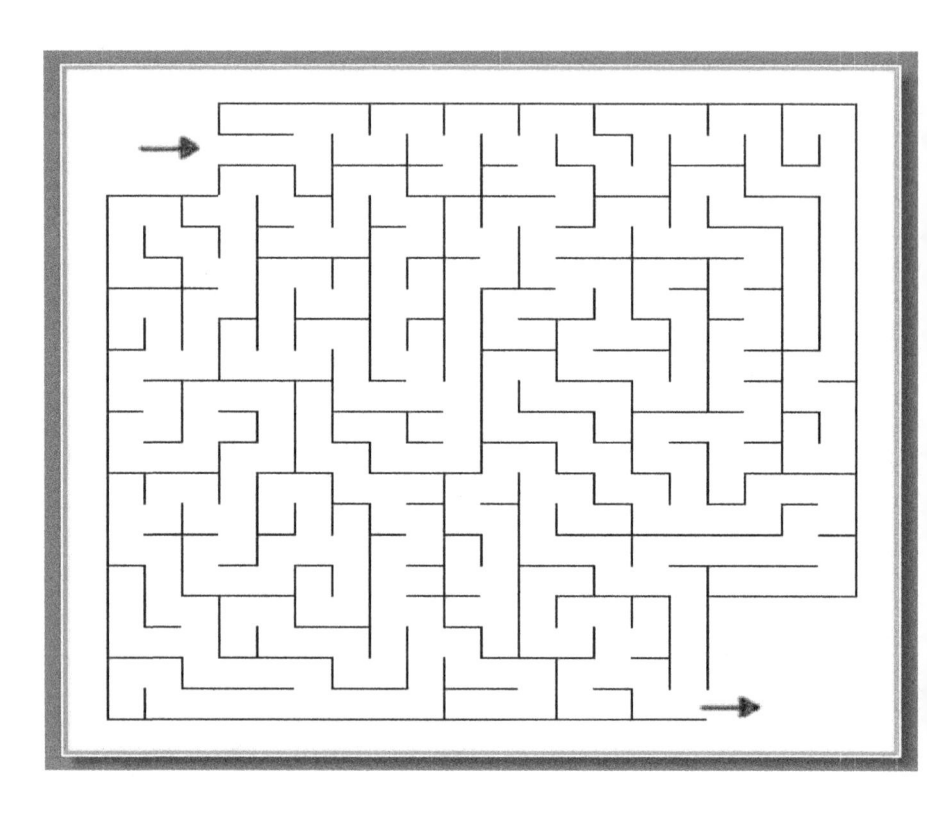

Tiempo: _____**segundos.**

Escribe todo aquello que se te haya ocurrido mientras hacías el ejercicio:

Valoración general del ejercicio y de tu autodisciplina

1 2 3 4 5 6 7 8 9 10

Observaciones

EJERCICIO L – **FORMAS** (2)

FECHA: ___ / ___ / _____

Para la siguiente actividad sigue las siguientes instrucciones:

2- A continuación encontrarás una cuadricula. Debes rellenar todos los cuadritos con las siguientes formas:

- X
- O
- =

Las formas entre sí no deben tocarse nunca, no se pueden encontrar (por ejemplo: no puede haber 2 cruces una al lado del otro, ni una encima o debajo de la otra).

2- Aunque son bastantes cuadraditos, no pares hasta llegar al final. Consigue marcarlos todos.

3- Debajo de la cuadrícula, escribe todo aquello que se te haya ocurrido mientras hacías el ejercicio. Pensamientos, sensaciones, conductas, comportamientos…

4- Realiza este ejercicio durante **2 días** .

5- Cuando hayas terminado, valora tu trabajo con una puntuación numérica. Del 1 al 10, donde 1 es muy mal y 10 muy bien. Redondea tu puntuación.

- FICHA 23 -

FECHA: ___ / ___ / _____

X															

Escribe todo aquello que se te haya ocurrido mientras hacías el ejercicio:

- FICHA 24 -

FECHA: ___ / ___ / _____

Escribe todo aquello que se te haya ocurrido mientras hacías el ejercicio:

Valoración general del ejercicio y de tu autodisciplina

1 2 3 4 5 6 7 8 9 10

Observaciones

EJERCICIO M – <u>Laberinto</u> (5)

Para la siguiente actividad sigue las siguientes instrucciones:

5- A continuación encontrarás una laberinto. Empieza por donde te indica la flecha exterior
(→) e intenta encontrar el interior del laberinto.

2- Hazlo con lápiz, pues si te equivocas puedes borrarlo y volver a empezar

3- No te preocupes si no lo logras a la primera. Los laberintos suelen ser difíciles, así que persiste hasta encontrar el camino sin desanimarte.

4- Para este ejercicio necesitarás un cronómetro. Cuando cojas el lápiz y te coloques en el punto de salida, pon el tiempo en marcha. Cuando hayas encontrado el camino y hayas solucionado el laberinto, detén el reloj.

5- Realiza este ejercicio solamente **<u>1 día</u>** .

6- Cuando hayas terminado, valora tu trabajo con una puntuación numérica. Del 1 al 10, donde 1 es muy mal y 10 muy bien. Redondea tu puntuación.

- FICHA 25 -

FECHA: ___ / ___ / _____

Tiempo: _____**segundos.**

Escribe todo aquello que se te haya ocurrido mientras hacías el ejercicio:

Valoración general del ejercicio y de tu autodisciplina

1 2 3 4 5 6 7 8 9 10

Observaciones

EJERCICIO N – <u>**Colorea**</u> **(4)**

FECHA: ____ / ____ / _____

Para la siguiente actividad sigue las siguientes instrucciones:

1- A continuación encontrarás una cuadricula. Debes rellenar todos los cuadritos con **4** colores distintos. Los colores entre sí, no deben tocarse nunca (por ejemplo: no puede haber 2 azules uno al lado del otro, ni uno encima o debajo del otro).

2- Aunque son bastantes cuadraditos, no pares hasta llegar al final. Consigue marcarlos todos.

3- Debajo de la cuadrícula, escribe todo aquello que se te haya ocurrido mientras hacías el ejercicio. Pensamientos, sensaciones, conductas, comportamientos…

4- Realiza este ejercicio durante <u>**2 días**</u> .

5- Cuando hayas terminado, valora tu trabajo con una puntuación numérica. Del 1 al 10, donde 1 es muy mal y 10 muy bien. Redondea tu puntuación.

- FICHA 26 -

FECHA: ___ / ___ / _____

Escribe todo aquello que se te haya ocurrido mientras hacías el ejercicio:

- FICHA 27 -

FECHA: ___ / ___ / _____

Escribe todo aquello que se te haya ocurrido mientras hacías el ejercicio:

Valoración general del ejercicio y de tu autodisciplina

1 2 3 4 5 6 7 8 9 10

Observaciones

EJERCICIO O – <u>FORMAS</u> (3)

FECHA: ____ / ____ / _____

Para la siguiente actividad sigue las siguientes instrucciones:

3- A continuación encontrarás una cuadricula. Debes rellenar todos los cuadritos con las siguientes formas:

- X
- O

Las formas entre sí no deben tocarse nunca, no se pueden encontrar (por ejemplo: no puede haber 2 cruces una al lado del otro, ni una encima o debajo de la otra).

2- Aunque son bastantes cuadraditos, no pares hasta llegar al final. Consigue marcarlos todos.

3- Debajo de la cuadrícula, escribe todo aquello que se te haya ocurrido mientras hacías el ejercicio. Pensamientos, sensaciones, conductas, comportamientos…

4- Realiza este ejercicio durante **2 días**.

5- Cuando hayas terminado, valora tu trabajo con una puntuación numérica. Del 1 al 10, donde 1 es muy mal y 10 muy bien. Redondea tu puntuación.

- FICHA 28 -

FECHA: ___ / ___ / _____

X									

Escribe todo aquello que se te haya ocurrido mientras hacías el ejercicio:

- FICHA 29 -

FECHA: ___ / ___ / _____

Escribe todo aquello que se te haya ocurrido mientras hacías el ejercicio:

Valoración general del ejercicio y de tu autodisciplina

1 2 3 4 5 6 7 8 9 10

Observaciones

¡FELICIDADES!

Has terminado el CUADERNO 4 – PERSISTENCIA DIRIGIDA A LA META

RECOMENDACIÓN

A continuación te recomendamos que sigas con el **CUADERNO 5**. En el siguiente CUADERNO trabajarás la función ejecutiva: **METACOGNICIÓN**.

La **Metacognición** es la capacidad de observar y pensar cómo funcionan tus propias habilidades cognitivas. Además te permite analizar el modo en que piensas para resolver los retos de tu vida cotidiana. Esto implica el auto-monitoreo y la auto-evaluación de tus competencias.

No te preocupes por la función ejecutiva: **PERSISTENCIA DIRIGIDA A LA META** porque la volverás a trabajar más adelante en el **CUADERNO 14**. Guarda este CUADERNO para próximos ejercicios porque probablemente utilizarás algunas de las fichas que ya has terminado.

Cualquier duda que puedas tener no dudes en ponerte en contacto con nosotros:

Blog.mentelex.com
www.mentelex.com
eva@mentelex.com

Entrenamiento en Funciones Ejecutivas

Fichas para trabajar Funciones Ejecutivas. Persistencia Dirigida a la Meta. Cuaderno 4.

© 2016 Dr. Jaume Guilera y Eva Rubio

De la presente edición:

© 2016 Dr. Jaume Guilera y Eva Rubio

Aragón 134, 4º-1ª, 08011 BARCELONA

© Ilustración de la portada Miquel Fuentes

www.mentelex.com

blog.mentelex.com

Queda prohibida, salvo excepción prevista en la ley, cualquier forma de reproducción, distribución, comunicación pública y transformación de esta obra sin contar con la autorización de los titulares de la propiedad intelectual. La infracción de los derechos mencionados puede ser constitutiva de delito contra la propiedad intelectual.

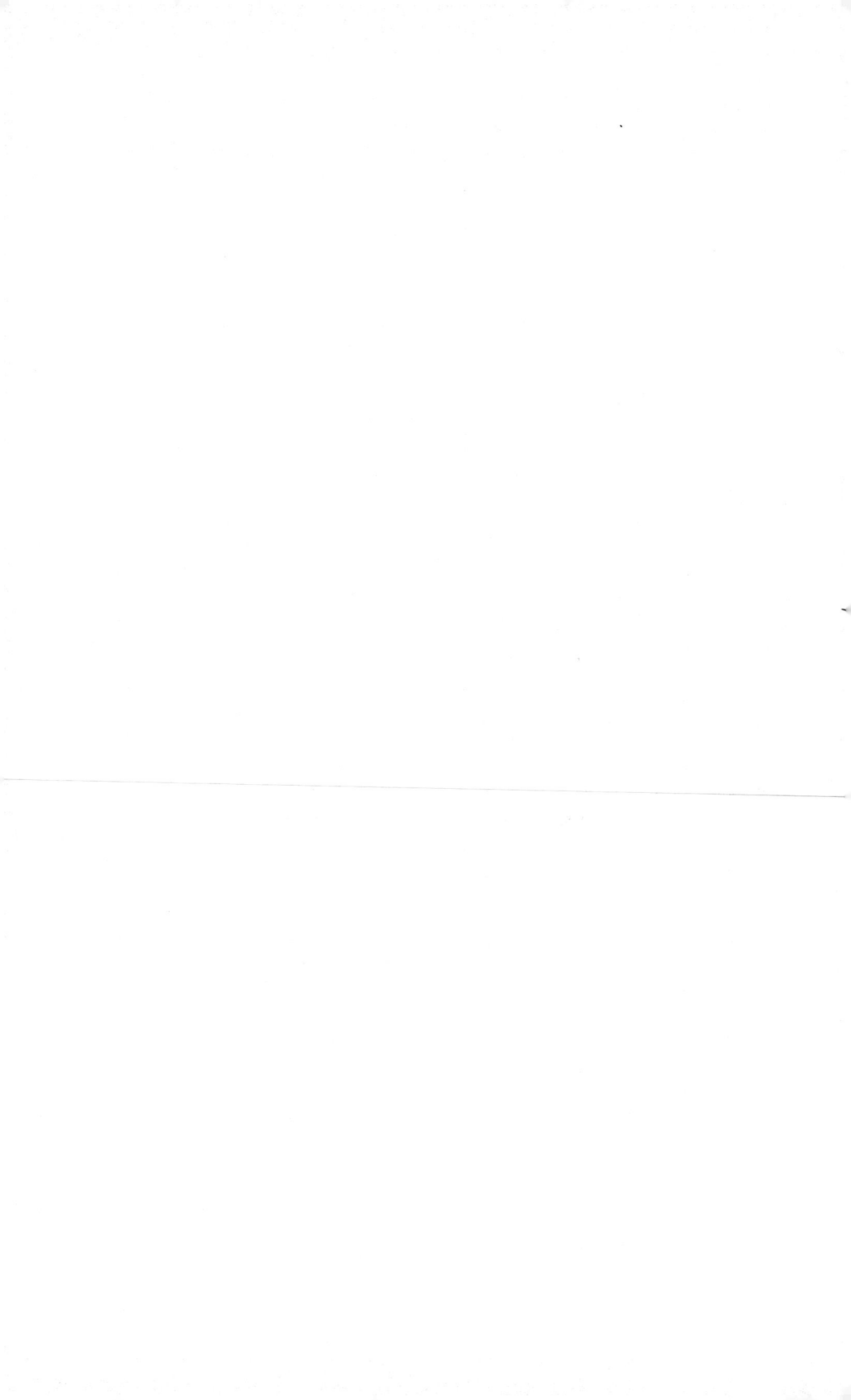

Made in the USA
Las Vegas, NV
22 December 2022